Santiago

José Young

Ediciones Crecimiento Cristiano

© 1980 **Ediciones Crecimiento Cristiano**
Título: Santiago
Autor: José Young
Primera edición: 1980
Esta edición actualizada: 2010
I.S.B.N. 950-9596-75-2
Clasificación: Estudio bíblico, guía de estudio
Diseño de Tapa: Ana Ruth Santacruz
Queda hecho el depósito que previene la ley 11.723
Prohibida la reproducción total o parcial de este cuaderno
sin previa autorización escrita de los editores.

Impreso en los talleres de
Ediciones Crecimiento Cristiano
Córdoba 419
5903 Villa Nueva, Cba.
Argentina

oficina@edicionescc.com
www.edicionescc.com

IMPRESO EN ARGENTINA   **VE2**

Introducción

Estudiar la carta de Santiago no es una experiencia fácil. El problema no es tanto porque la carta sea difícil de comprender, sino que es una carta muy exigente. Santiago no tiene miedo de decir las cosas tal como son y condena ciertas actitudes de las iglesias. Esto nos recuerda las fuertes palabras de nuestro Señor en contra de los fariseos.

Santiago es una carta muy actual y práctica. Enfatiza problemas y necesidades que vemos constantemente en nuestras iglesias. Es una carta que toda iglesia debería estudiar como si fuera dirigida a ella misma, porque seguramente encontrará reflejada su propia imagen en el espejo que Santiago ofrece.

Una característica de la carta es que Santiago repite sus temas varias veces. Por ejemplo, en vez de hablar sobre la oración en un solo párrafo, la distribuye en tres capítulos distintos. Por esta razón estudiaremos a Santiago por temas, seleccionando los principales y tratando uno por lección, abarcando los diferentes pasajes que tengan relación con él. Los temas que trataremos son los siguientes:

Si en el cuaderno no hay otras aclaraciones, todas las lecciones se basan en la versión Reina-Valera de la Biblia.

Santiago

En el Nuevo Testamento hay varios personajes con el nombre de Santiago, dos de los cuales son los más conocidos. El primero es el pescador, hijo de Zebedeo, hermano del apóstol Juan, a quien encontramos en Marcos 1:19 y 3:17. (En algunas versiones lo llaman "Jacobo", pero es la misma persona.) Fue ejecutado por Herodes alrededor del año 48 (Hechos 12:1,2), por lo cual es poco probable que sea el autor de esta carta.

El segundo, que la mayoría de los comentaristas aceptan como el autor de la epístola, es Santiago, el hermano del Señor, mencionado en Marcos. 6:3.

Sin duda los hermanos del Señor no confiaban en él durante su vida, pero Hechos 1:14 demuestra que después de la resurrección cambiaron de actitud. No tenemos mucha información en cuanto a este Santiago, pero sabemos que era un hombre principal, un "pilar" en la iglesia de Jerusalén (Gálatas 2:9)

Ya que Santiago era pastor de una iglesia, comprendemos por qué Santiago seleccionó los temas de esta carta y por qué a veces escribió en tono fuerte. Conocía a las iglesias y pudo identificarse con sus problemas. Ellas, como las nuestras, tenían la tendencia de separar la fe de la vida. Pero Santiago insiste que la fe es algo práctico: es para *vivirla*.

Los receptores

Santiago no nombra directamente a los receptores de su carta. Habla de "esparcidos" y "tribus de Israel", pero la mayoría de los comentaristas piensan que está hablando figurativamente con referencia a los muchos cristianos ("la nueva Israel", Gálatas 6:16) esparcidos por el Imperio Romano a causa de las persecuciones de Hechos 8.

El propósito

Tal vez sería más apropiado hablar del propósito del libro al final del estudio que al comienzo. Al hacerlo, nos daremos cuenta del propósito del autor.

Sin embargo, proponemos Santiago 1:27 como el versículo que mejor resume el mensaje del libro. En este versículo Santiago da su definición de la religión y, en un sentido, su libro entero es un comentario y una aplicación de esa definición.

La palabra "religión" aquí no se refiere al contenido de la fe, es decir, a la doctrina, sino a su práctica. Hace referencia a la expresión externa de la fe, la manera en que la comunicamos y vivimos. Y ese es el tema de Santiago en este libro.

Que el Señor le ayude a estudiar con el propósito de vivir lo que este corto libro nos ofrece.

Nota importante

Para sacar provecho del libro de Santiago, tendrá que leerlo, y leerlo mucho. Lo deberá leer por lo menos una vez antes de comenzar la primera lección. Busque otras versiones y léalo en ellas. Este cuaderno contiene siete lecciones y, al terminar la última lección, usted deberá haber leído Santiago un mínimo de siete veces.

En este estudio vamos a mencionar varias versiones de la Biblia. Son:

RV = Reina Valera
NVI = Nueva Versión Internacional
DHH = Dios Habla Hoy

1 Vivir la Palabra

⇨ Santiago 1:16-18; 1:21-25;
2:10-13; 4:7-10

En esta lección tratamos un tema que es fundamental en todo estudio bíblico: nuestra actitud hacia la Palabra de Dios. Podemos decir que reflejamos la realidad de nuestra relación con Dios por medio de nuestra actitud hacia las Escrituras. No tomamos conciencia de la seriedad de las Escrituras porque no le damos a Dios la debida importancia. Para el verdadero discípulo no hay nada más urgente que empaparse de este libro: es vida y luz para nosotros. Pero es mejor que dejemos hablar a Santiago.

Santiago 1:16-18

Santiago aquí —como Juan en 1 Juan 1:5— se refiere a Dios como la luz. Pero en contraste con la mayor luz que conocemos, el sol, en él no hay cambios ni sombras de variación (la Versión Popular da una traducción lúcida del Versículo 17). Y es este Dios que no cambia quien nos da dádivas y dones (Nota 1).

1/ Piense un momento. ¿Cuáles son algunos de los dones que Dios nos da (son muchos, y no solamente espirituales)?

Y también, por la voluntad de Dios, hemos nacido de nuevo. Pero note que el medio por el cual nacimos de nuevo, según Santiago, es la Palabra.

2/ ¿Puede encontrar otro pasaje del Nuevo Testamento que también afirme que nacemos por la Palabra?

3/ ¿Cómo puede la Biblia ser el medio por el cual nacimos de nuevo? ¿No recibimos la nueva vida por Cristo (Juan 14:6) y por el Espíritu Santo (Juan 3:6)? ¿De qué manera nacemos de nuevo por medio de la Biblia?

Santiago 1:21-25

Santiago aquí nos explica lo que tenemos que hacer si la Palabra ha de ser de provecho para nuestras vidas. "La perfecta ley, la de la libertad", citada en el Versículo 25, será la ley de Cristo, en contraste con la ley de Moisés, la de la condenación (Romanos 7:6).

4/ En todo este pasaje hay por lo menos cinco condiciones que debemos cumplir si deseamos una vida cristiana plena y no mediocre. Anótelas.

5/ Explique cómo es el creyente que escucha (o lee) pero no actúa. ¿De qué manera "se engaña a sí mismo"?

Estos versículos nos explican por qué muchos "buenos creyentes" nunca avanzan en la vida cristiana. Les gusta la Palabra, escuchan la predicación de ella, y aun la leen. Pero la Palabra no es para escucharla solamente, sino para obedecerla. Repetimos: nuestra actitud hacia la Palabra es una buena indicación de la realidad de nuestra fe.

Santiago 2:10-13

Aparentemente Antonio es un buen creyente. Asiste fielmente a las reuniones de la iglesia y tiene una clase de Escuela Dominical. Posee un pequeño negocio y compra mercadería dañada, directamente de fábrica, a buen precio; la arregla disimulando la falla y la vende al precio normal. Su amigo Alberto le llamó la atención por esta práctica, pero Antonio se enojó y dijo: "Lo que hago en el negocio es asunto mío. No trates de mezclarlo con la iglesia".

6/ ¿Cómo le contestaría a Antonio, en base a este pasaje de Santiago?

Para mayor claridad, recomendamos leer el Versículo 13 en la Versión Popular.

Santiago 4:7-10

Este es un pasaje fuerte. Nos sentiríamos un poco más cómodos si fuera dirigido a los no creyentes; pero es para nosotros.

Como debemos actuar frente a Dios es claro:

- Someternos (7)
- Acercarnos-(8)
- Humillarnos (10)

Nos ponemos en sus manos, buscamos conocerle más y nos arrodillamos delante de él en gratitud y obediencia. Pero hay una serie de desafíos a nuestra manera de vivir que no son tan obvios.

7/ Por ejemplo:

a/ ¿Qué quiere decir con "limpiar las manos" (versículo 8)?

b/ ¿Por qué causa debemos afligirnos? (versículo 9)

c) Los versículos 9 y 10 dicen que debemos vivir la vida con la cara larga? Si no, ¿cómo aplicamos estos dos versículos?

8/ En resumen, ¿qué piden de nosotros?

Conclusión

Los versículos que hemos estudiado en esta lección son un verdadero llamado al arrepentimiento; no a los pecadores de afuera, sino a nosotros. Santiago ataca a la raíz de nuestra debilidad espiritual y explica bien el remedio.

Pero el que no olvida lo que oye, sino que se fija atentamente en la ley perfecta, que es la ley que nos trae libertad, y permanece firme cumpliendo lo que ella manda, será feliz en lo que hace. Santiago 1:25, V.P.

P.D.: ¿Cuántas veces ha leído el libro entero desde que comenzamos el estudio?

Notas

1 - Las dos palabras en este versículo para dones son "dosis" que significa dar (así la versión RV) y "dórema", regalo. La palabra que Pablo utiliza para los dones espirituales es "cárisma", una gracia de Dios.

2   *Las pruebas*

⇨ Santiago 1:2-4; 1:12-15;
5:7,8; 5:10,11

L os problemas, las pruebas y las dificultades son inevitables en este mundo. Aunque pertenecemos ya al Reino de Dios, compartimos con toda la humanidad el mundo dominado por Satanás.

Por supuesto, podemos sufrir por causa de Cristo (2 Timoteo 3:12), pero vemos en la realidad que la mayor parte de nuestros sufrimientos tienen otras causas. A veces es por nuestra propia debilidad, falsedad o aun perversidad. Otras veces es el resultado de la injusticia y el pecado de la gente de este mundo. Y aun compartimos con la humanidad las consecuencias de vivir en una tierra desequilibrada (terremotos, inundaciones, etc.) por causa del pecado (Romanos 8:21,22).

En esta lección examinaremos nuestra actitud hacia las pruebas y el sufrimiento. ¿Qué parte tiene Dios en todo esto? ¿Cómo debemos actuar nosotros? ¿Qué actitud debemos asumir? Veamos lo que dice Santiago.

Santiago 1:2-4

La palabra "paciencia" en el Versículo 3 significa principalmente "constancia". Note cómo la Versión Popular traduce este versículo.

1/ Santiago dice que cuando estamos en dificultades o rodeados de problemas, debemos sentir gozo.

   a/ Explique por qué.

---

b/ Si no lo sentimos, ¿cuál es el problema?

2/ Según su experiencia, ¿la prueba siempre produce constancia? Si no es así, explique cuál puede ser la razón.

La convicción de que Dios puede utilizar las pruebas y las dificultades para bien de nuestras vidas es lo que nos ayuda a enfrentarlas.

3/ ¿Qué es, exactamente, lo bueno que estos problemas pueden lograr en nuestras vidas?

Santiago 1:12-15

A través de este pasaje encontramos que hay dos clases de pruebas. Una que viene de afuera, y consiste en las tribulaciones comunes de la vida. La otra viene de adentro, y es lo que llamamos tentación. Hay una diferencia esencial entre las dos, que exploraremos en esta sección.

4/ ¿La tentación es un pecado? Explique.

5/ Describa en sus propias palabras las etapas de la caída espiritual que detalla Santiago en los versículos14 y 15. (Nota 1)

6/ Cuando reconocemos que somos tentados, (Nota 2))
   a/ ¿qué debemos hacer?

   b/ ¿Cuál será el resultado si nos dejamos vencer?

Es importante ver cómo Santiago destaca que la tentación no viene de Dios (Versículo 13). Si caemos, no podemos echarle la culpa; nosotros somos los responsables.

7/ Para la última pregunta sobre este párrafo, piense en las diferencias que existen entre la prueba y la tentación, y anótelas aqui (diferencias en cuanto a su naturaleza, resultado, nuestra actitud, etc.).

Santiago 5:7, 8, 10 y 11

Santiago insiste en la necesidad de tener paciencia. O como lo dice la versión NVI, "perseverancia". Los ejemplos que ofrece son los profetas y Job, y al leer el Antiguo Testamento se ve que tuvieron perseverancia bajo condiciones muy difíciles.

8/ ¿Como última pregunta para este estudio, qué diferencias hay entre la paciencia y la pasividad?

En conclusión, vemos que, según nuestro modo de enfrentarlos, los problemas pueden tener dos resultados en nuestra vida.

- Positivos: Si nos acercan a Dios, si nos estimulan a buscarle y conocer su voluntad. Son parte de esta escuela que es la vida, y esenciales si realmente vamos a llegar a la madurez espiritual.
- Negativos: Si nos encerramos en nosotros mismos, quejándonos y echando la culpa de todo a Dios o a la gente que nos rodea, entonces lo único que cosecharemos es amargura y frustración.

Y, por supuesto, la experiencia que ganamos cuando enfrentamos los problemas de la vida con un actitud correcta nos sirve para ayudar a otros en situaciones similares (2 Corintios 1:4)

Notas

1 - La palabra "pasión" (versículo 14, RSV) significa "deseo", "codicia".

2 - El texto original en griego, en el versículo 12, dice simplemente: "Dichoso el hombre que resiste (se pone firme frente) a la tentación, porque...".

3 La oración

⇨ Santiago 1:5-8; 4:1-6;
5:12-18

En la primera lección destacamos la urgencia de ser un pueblo del Libro de Dios; esta lección subraya la necesidad de que seamos un pueblo de oración. Pensándolo un poco, nos damos cuenta de que no podemos llevar una verdadera vida cristiana sin la oración. La Palabra y la oración son dos eslabones que nos unen a Dios.

Pero yendo un poco más allá de la superficialidad, nos damos cuenta de que no es un tema fácil. Dios contesta nuestras oraciones, pero existen claros límites. En el Nuevo Testamento encontramos condiciones que debemos cumplir si esperamos recibir algo de Dios. En los pasajes de esta lección estudiaremos algunas de estas condiciones.

Santiago 1:5-8

Santiago afirma que una razón porque Dios no nos da lo que pedimos es que podemos pedir sin fe.

1/ ¿Qué es pedir sin fe?

En el versículo 8 habla del hombre de "doble ánimo" (RV), o "indeciso e inconstante" (NVI). Literalmente significa "doble alma".

2/ ¿Cómo será el hombre de "doble alma"?

Esto de "no dudar nada" (v.6) es una expresión clave para nuestro tema. En realidad, puede significar una de dos cosas:

- No dudar de que Dios va a hacer exactamente lo que le pedimos. Tener fe es estar seguro de que Dios va a contestar de la misma manera en que se lo pedimos.
- No dudar de que Dios va a hacer lo mejor para nosotros. Tener fe es confiar en la bondad de aquel que nos dará lo que es mejor para nosotros, aunque no sea exactamente lo que le pedimos.

3/ Explique por qué le parece que una de estas explicaciones es más correcta que la otra.

Santiago 4:1-6

Al meditar sobre estos versículos, nos damos cuenta de que Santiago nos ofrece tres razones por las cuales Dios, a veces, no contesta nuestras oraciones.

4/ Explique estas tres razones con sus propias palabras.
  a/

  b/

c/

5/ Santiago destaca la importancia de nuestras actitudes.
a/ ¿Qué es ser "soberbio" (RV), "orgulloso" (NVI)?

b/ ¿Qué es ser "humilde"?

c/ ¿Qué es ser "amigo del mundo" (Versículo 4)?

No estamos acostumbrados a que nos hablen con palabras tan fuertes como las empleadas por Santiago, pero nos hacen bien, porque también abundan entre nosotros pleitos, envidias, amigos del mundo y soberbios. Frente al juicio de Santiago, está bien claro por qué Dios, muchas veces, no nos contesta.

Santiago 5:12-18

El Versículo 12 trata un tema polémico, pero que está indirectamente relacionado con nuestro tema. Jurar, en el contexto bíblico, es afirmar o negar una cosa poniendo a Dios por testigo. Es como si dijéramos: "Afirmo tal cosa, y que Dios me castigue si no es cierto o si no cumplo". Jurar a la bandera (cuestión objetada por algunos) es otra clase de juramento.

Santiago dice, con toda razón, que el cristiano no necesita del juramento. Su palabra debe ser siempre verdadera. Basta con un "sí" o un "no", sin necesidad de invocar a Dios para confirmar la veracidad de lo que se dice.

El Versículo 14 describe una práctica que muchas iglesias no siguen actualmente.

6/ ¿Le parece que hoy debemos aplicar estos versículos? Explique por qué está o no de acuerdo.

El Versículo 16 no tiene nada que ver con la confesión a un sacerdote. Habla de una relación entre los hermanos en Cristo.

7/ ¿En qué forma se puede aplicar esto de "confesar los pecados"?

8/ ¿Qué valor puede tener para nosotros seguir el consejo de Santiago en cuanto a la confesión?

Resumen

9/ En forma de resumen, haga una lista de las razones que encontramos en esta lección y por las que Dios muchas veces no responde a lo que pedimos en oración.

10/ ¿Qué ha sido para usted lo más importante de esta lección?

4   *La lengua*

⇨ Santiago 1:19, 20, 26; 3:1-12

Uno de los pecados más comunes que encontramos en la iglesia es el de la lengua. Aunque generalmente no lo reconocemos como pecado, lo es, y hace grandes daños. Además el Señor en Mateo 12:36 dijo:

Y yo les digo que en el día del juicio todos tendrán que dar cuenta de cualquier palabra inútil que hayan pronunciado.

El tema es sumamente serio por tres razones:

- el daño que hacemos a otros.
- el daño que nos hacemos a nosotros mismos (¿Quién confía en un chismoso?)
- las advertencias de la Biblia.

Santiago es quien más enfáticamente ataca el problema. Veamos lo que dice.

Santiago 1:19,20,26

1/ Fíjese en la frase: "pronto para oir, tardo para hablar". Dé ejemplos prácticos de cómo podemos aplicar esta regla.

El Versículo 26 nos ofrece otra manera de distinguir entre la buena y la mala religión.

2/ ¿Qué relación tiene la lengua con la religión? ¿No mostramos nuestra fe por lo que hacemos?

Santiago 3:1-12

Santiago comienza esta sección con un consejo en cuanto a los que desean ser maestros.

3/ ¿Por qué da esta nota de advertencia? ¿Cuál es realmente el problema?

4/ ¿Puede dar un ejemplo práctico de los versículos 3 a 5?

El lenguaje de los versículos 6 a 8 es difícil. Note como lo traduce diferentes versiones de la Biblia.

"Y la lengua es un fuego, un mundo de maldad. La lengua está puesta entre nuestros miembros, y contamina todo el cuerpo, e inflama la rueda de la creación, y ella misma es inflamada por el infierno." (RV)

"También la lengua es un fuego, un mundo de maldad. Siendo uno de nuestros órganos, contamina a todo el cuerpo, y encendida por el infierno, prende a su vez fuego a todo el curso de la vida." (NVI)

"Y la lengua es un fuego. Es un mundo de maldad puesto en nuestro cuerpo, que contamina a toda la persona. Está encendida por el infierno mismo, y a su vez hace arder todo el curso de la vida." (DHH)

"Las palabras que decimos con nuestra lengua son como el fuego. Nuestra lengua tiene mucho poder para hacer el mal. Puede echar a perder toda nuestra vida, y hacer que nos quememos en el infierno." (Lenguaje actual)

Hasta ahora Santiago habla cómo la lengua puede hacer daño a otras personas. Pero este versículo sugiere que nos dañamos a nosotros mismos.

5/ ¿Cómo entiende usted este versículo?.

6/ En el Versículo 8 dice que nadie puede domar (dominar) la lengua. ¿Por qué es imposible domarla?

Muchos sabemos, por experiencia, que el Versículo 9 es cierto. Hemos escuchado de boca de personas muy fieles en las actividades de la iglesia, acusaciones, chismes, calumnias, aun gritos de rabia contra sus hermanos.

7/ ¿Unn cristiano actuar como lo describe el versículo 9? Si es cierto, ¿cuál será su problema?

8/ ¿Qué versículo de este pasaje (3:1-12) le parece que es el versículo clave? Explique por qué piensa así.

9/ La última y más importante pregunta es ésta: ¿Cuál es la solución al problema de la lengua?

El pecado más peligroso es aquel que no reconocemos. Por eso hemos permitido que el de la lengua haga tanto daño entre nosotros. El primer paso como una solución al problema de la lengua es, sencillamente, reconocer que es un pecado y tratarlo así.

Si uno cree ser religioso, pero no sabe poner freno a su lengua, se engaña a sí mismo y su religión no sirve de nada. (Santiago 1:26)

5   La fe y las obras

⇨ Santiago 2:14-26

En este pasaje Santiago trata uno de los temas principales del evangelio: la fe. La salvación por la fe es piedra fundamental de nuestra predicación; sin embargo, muchos no se dan cuenta de que hay más de un tipo de fe.

Santiago en este pasaje distingue entre dos clases de fe: una correcta, la que Dios espera de nosotros; la otra común, pero que no llega a ser lo que Dios exige. Muchas personas tienen confusión en cuanto al tema justamente porque no se dan cuenta de esa diferencia.

1/ ¿Cómo responden a la pregunta del versículo 14? ¿Por qué?

2/ ¿Puede dar una prueba bíblica más allá de Santiago, de su respuesta a la pregunta 1?

3/ ¿A qué se refiere cuando dice "obras" (RV), "hechos" (DHH)?

Es importante recordar que "tener fe" y "creer" son sinónimos. Entonces cuando Santiago dice que los demonios creen (v.19), significa que tienen fe.

4/ Si los demonios tienen fe:
   a/ ¿Cómo es esa fe? Trate de definirla.

b/ ¿Por qué, entonces, los demonios tiemblan si tienen fe?

Santiago dice en el Versículo 19 que esa clase de fe en sí no es mala, sino solamente inadecuada. Dice al lector que si tiene la "fe de los demonios", bien hace.

Pero en realidad, cuando hablamos de nuestros vecinos, ellos no tienen fe sino credulidad. Ellos ni tienen la "fe de los demonios" quienes conocían la realidad de un Dios que es "fuego consumidor" (Hebreos 12.29)

Santiago nos ofrece dos ejemplos históricos de la fe en acción.

5/ ¿Qué quiere Santiago que aprendamos del ejemplo de Abraham?

6/ ¿Qué debemos aprender del ejemplo de Rahab? Convendrá repasar su historia en Josué 2:1-21.

Hay otro aspecto del tema que debemos aclarar. Normalmente, cuando hablamos de la fe y la salvación, citamos a Pablo en Efesios 2:8,9. Pero, aparentemente, lo que dice Santiago en 2:24 lo contradice.

7/ **Explique por qué no existe una contradicción entre Pablo y Santiago?**

Esta lección es importante porque muchas personas que nos rodean tienen la fe muerta. Es cierto que aceptan —que creen— que Jesús es el Salvador, pero no se dan cuenta que eso no es suficiente. Esto también explica la razón de por qué muchas personas que hacen una "profesión de fe" en una campaña evangelística no siguen con una verdadera vida convertida: respondieron con la fe muerta, no con la fe viva.

8/ ¿Como podemos aplicar estos consejos de Santiago a la evangelización o a la vida diaria?

6 Mi *hermano*

⇨ Santiago 3:13-18; 4:11, 12;
5:9; 5:19, 20

Si hiciéramos una lista de las prioridades para la iglesia, en primer lugar estaría el amar a Dios con todo el ser. Según Jesús, ese es el primer mandamiento de todos (Marcos 12:29, 30).

En segundo lugar estaría el amarnos entre nosotros. El Señor, en Juan 13:35, dijo claramente que el amor es la principal evidencia de que somos sus discípulos.

Pero, a la vez, si tratáramos de hacer una lista con los problemas principales de la iglesia, tendríamos que poner, por lo menos en segundo lugar, la falta de amor entre nosotros. Deberíamos ser el pueblo más amoroso del mundo, pero en realidad notamos gran cantidad de tensiones, chismes, rencores, acusaciones, etc.

Esta lección trata de definir mejor ese problema, buscar sus causas y reflexionar sobre la solución. Por supuesto, el tema está muy relacionado con lo visto en el estudio cuatro.

Santiago 4:11,12 y 5:9

Comenzamos con estos tres versículos que repiten un tema común. La palabra "murmurar" en 4:11 significa literalmente "hablar en contra", y encierra la idea de hablar mal de una persona, o aun calumniar.

1/ **Defina el problema que Santiago trata aquí. Dé algunos ejemplos de su propia experiencia acerca de "murmurar" o "quejarse" del hermano.**

2/ Explique con sus propias palabras el argumento de Santiago en contra de tal práctica.

Si lo pensamos un poco, nos damos cuenta de que hay muchas razones por las cuales no tenemos el derecho de hablar mal o juzgar a nuestros hermanos.

3/ Además de lo que dice Santiago, ¿qué otras razones hay para no actuar así?

Santiago 3:13-18

Este es un pasaje clave, porque no solamente describe el problema, sino que, además, explica su origen. Es importante leer nuevamente el pasaje en varias versiones para aclarar así algunas expresiones oscuras.

4/ Este pasaje habla de dos clases de sabiduría. ¿Cuál es la diferencia fundamental entre ellas?

5/ Explique con sus propias palabras cómo es la sabiduría que "no desciende de lo alto" (RV), "no viene de Dios" (DHH), "no desciende del cielo" (NVI)) y cómo la podemos reconocer.

6/ Resumiendo: Si los hermanos en Cristo no se llevan bien, ¿cuál es el verdadero problema? (Santiago contesta en parte esta pregunta).

Es sumamente importante lo que Santiago destaca en este pasaje. No somos sabios por lo que sabemos, sino fundamentalmente por lo que somos. El hermano que conoce mucho de doctrina pero que no sabe amar está enfermo espiritualmente. No tiene la sabiduría de Dios, ya que Su sabiduría nos enseña a vivir como nos describe el Versículo 17.

Santiago 5:19, 20

Este último párrafo nos introduce a la pregunta final de esta lección: ¿Qué debemos hacer cuando vemos que nuestro hermano actúa mal?

Estos versículos son los últimos del libro, y serán también la última nota de aplicación de todo lo que Santiago ha dicho.

7/ A la luz de estos versículos y de Gálatas 6:1
   a/ ¿Quién debe actuar?

b/ ¿Cómo debe actuar?

c/ ¿Con qué fin debe actuar?

Destacamos nuevamente la importancia de este tema para la vida de la iglesia. Jesús no dijo que el mundo reconocería que somos sus discípulos porque nos aferramos a la sana doctrina, sino porque nos amamos mutuamente. Por supuesto que la doctrina es necesaria, pero sin el amor resulta una cosa fría, muerta y a veces peligrosa. Muchas atrocidades se han cometido en el mundo apelando a la doctrina.

Que Juan 13:35 y Santiago 3:17 sean nuestro lema.

7 Ricos y pobres

⇨ Santiago 1:9-11; 2:1-9;
4:13-17; 5:1-6

Hay muchos temas en donde los conceptos bíblicos ofrecen un contraste con los del mundo que nos rodea, y este es un buen ejemplo.

En un mundo donde las revistas, el Internet y la TV nos seducen con sus valores, Santiago proclama con fuerza otra actitud. No hay una separación entre la vida espiritual y la económica, porque las dos dependen del señorío de Jesucristo sobre nosotros. ¿Qué relación debe haber entre mi fe cristiana, mi trabajo y mis posesiones? Santiago ofrece las primeras pautas a una respuesta.

Santiago 1:9-11

1/ Aquí Santiago habla de los ricos y los pobres:
a/ ¿Qué elementos tomamos en cuenta para determinar si una persona es rica o pobre? ¿Cuál es en realidad la diferencia?

b/ Una persona con las mismas posesiones materiales, viviendo en un lugar sería rica, pero en otro, pobre. ¿Por qué?

2/ En términos generales, según Santiago:
  a/ ¿Qué actitud debe tener el creyente rico hacia sí mismo?

  b/ ¿Por qué?

3/ También en términos generales:
  a/ ¿Qué actitud debe tener el creyente pobre hacia sí mismo?

  b/ ¿Por qué?

Santiago 2:1-9

En el pasaje anterior, Santiago trató el tema de la actitud personal que cada uno debe tener, siendo rico o pobre. Ahora trata el tema de la discriminación que encontramos muchas veces en las iglesias a causa de la situación económica de los hermanos.

4/ Santiago da aquí varias razones por las que no debemos hacer distinción entre los ricos y los pobres de la iglesia. ¿Cuáles son?

5/ Continuando con el tema de la discriminación,
   a/ Además de la situación económica, ¿puede haber otros motivos por los cuales se hace distinción entre los hermanos? Dé ejemplos.

   b/ ¿Tenemos discriminación en nuestras iglesias? Explique.

Santiago 4:13-17

6/ En este pasaje,
   a/ ¿Cuál es la actitud que Santiago condena?

b/ ¿Por qué es mala esa actitud?

7/ ¿Implica este pasaje que no debemos planificar nuestro futuro? Explique.

Santiago 5:1-6

Vemos de nuevo que el lenguaje de Santiago es sumamente fuerte. Habla a los ricos y no nos aclara si son creyentes o no. ¿Pero puede haber alguna diferencia? Lamentablemente, estas palabras bien pueden aplicarse a muchos que se llaman cristianos.

8/ Según este pasaje, hay dos errores básicos de los ricos que Santiago condena. ¿Cuáles son?

9/ ¿Puede dar un ejemplo de cómo nosotros podemos co-
meter los mismos errores? (Que sean ejemplos prácticos
tomados de la vida actual).

Conclusión

10/ En base a estos pasajes que hemos estudiado:
a/ ¿Cómo se ve usted a sí mismo: rico o pobre? ¿Por
qué?

b/ ¿Cuál es la lección más importante para usted que
haya encontrado en estos pasajes?

Conclusión

Si bien nos parece que Santiago 1:27 encierra el corazón mismo de este libro, nos parece que hay otros dos versículos que también son apropiados como conclusión.

El primero es 1:26. Es fácil engañarnos a nosotros mismos. Sabemos lo que la Palabra dice, y pensamos que con eso cumplimos con lo que Dios quiere. Pero si no lo obedecemos nos engañamos. Hay más de un chismoso que ha estudiado Santiago, sin embargo...

El segundo es 4:17. No solamente pecamos en lo que hacemos, sino también en lo que no hacemos. Sin duda, algunas palabras de Santiago le han llegado muy personalmente; que el Señor le ayude a tener la valentía de vivirlas.

Cómo utilizar este cuaderno

Este cuaderno es una *guía de estudio*, es decir, su propósito es guiarle a usted para que haga su propio estudio del tema o libro de la Biblia que desarrolla este material.

El cuaderno propone un diálogo. En él introducimos el tema, sugerimos cómo proceder con la investigación, comentamos, pero también preguntamos. Los espacios después de las preguntas son para que usted anote sus respuestas.

Esperamos que, por medio del diálogo, le ayudemos a forjar su propia comprensión del tema. No de segunda mano, como cuando se escucha un sermón, sino como fruto de su propia lectura e investigación.

¿Cómo hacer el estudio?

1 - Antes de comenzar, ore. Pida ayuda a Dios para que le hable y le dé comprensión durante su estudio.

2 - Debe leer los pasajes bíblicos más de una vez y preguntarse: ¿Qué dice el autor? Aunque muchos utilizan la "Versión Reina-Valera" de la Biblia, conviene tener otra versión (o versiones) disponible para comparar los pasajes. La "Versión Popular" y la "Nueva Versión Internacional" le pueden ayudar a ver el pasaje con más claridad.

3 - Siga con la lectura de la lección. Responda lo mejor que pueda a las preguntas.

4 - Evite la tendencia de apurarse para terminar. Es mejor avanzar lentamente, pensando, preguntando, aclarando.

En grupo

El estudio personal es de mucho valor, pero se multiplican los beneficios si lo acompaña con el estudio en grupo. Un grupo de hasta ocho personas es lo ideal. Pero, puede ser que por diferentes motivos el grupo esté formado por usted y una persona más;

aun así, es mejor que estudiar solo.

En realidad, estos cuadernos han sido diseñados con ese motivo: estimular el estudio en células, en grupos pequeños.

La manera de hacerlo es fácil:

1 – **Haga en forma personal una de las lecciones del cuaderno**. Aun cuando pueda haber cosas que no entienda bien, haga el mayor esfuerzo posible para completar la lección.

2 - **Luego reúnase con su grupo**. En el grupo compartan entre todos las respuestas a cada pregunta. Puede ser que no tengan las mismas respuestas, pero, comparando entre todos, las van aclarando y corrigiendo.

En este compartir semanal de una hora y media, este diálogo entre todos, se encuentra la verdadera riqueza que nos provee esta forma de estudio.

3 - **Evite salirse del tema**. El tiempo es oro, y lo más importante es enfocar todo el esfuerzo del grupo en el tema de la lección. Luego, pueden dedicar tiempo para conocerse más y tener un rato social.

4 - **Participe**. Todos deben participar. La riqueza del trabajo en grupo es justamente eso.

5 - **Escuche**. Hay una tendencia de apurar nuestras propias opiniones sin permitir que el otro termine. Vamos a aprender de cada uno, aun de los que, según nuestra opinión, estén equivocados.

6 - **No domine la discusión**. Puede ser que usted tenga todas las respuestas correctas, sin embargo es importante dar lugar a todos y estimular a los tímidos a participar. No se trata de sobresalir, sino de compartir aprendiendo juntos.

Si en el grupo no hay una persona con experiencia en coordinarlo, se puede encontrar ayuda para dirigir un grupo en:

1 - Nuestra página web, www.edicionescc.com. La sección "Capacitación" ofrece una explicación breve del método de estudio.

2 - Las últimas páginas de nuestro catálogo ofrecen también una orientación.

3 - El cuaderno titulado "Células y otros grupos pequeños" es un curso de capacitación para los que desean aprender a coordinar un grupo.

4 - Algunas guías disponen de un cuaderno de sugerencias para el coordinador del grupo.

Finalmente diremos que las guías no contienen respuestas a las preguntas, ya que el cuaderno es exactamente eso: una guía, una ayuda para estimular su propio pensamiento, no un comentario ni un sermón. Le marcamos el camino, pero usted lo tiene que seguir.

Que el Señor lo acompañe en esta tarea y, si necesita ayuda, comuníquese con nosotros. Estamos para servirle.

www.ingramcontent.com/pod-product-compliance
Lightning Source LLC
Chambersburg PA
CBHW060631030426
42337CB00018B/3305